Inhalt

Work-Life-Balance - Mythos oder Wirklichkeit?

Kernthesen

Beitrag

Fallbeispiele

Weiterführende Literatur

Impressum

Work-Life-Balance - Mythos oder Wirklichkeit?

M.Rinkenburger

Kernthesen

- Die Verbesserung der Bedingungen für die Vereinbarkeit von häuslicher und beruflicher Arbeit wird bereits seit mehreren Jahrzehnten vor allem für Frauen gefordert. Diese Forderung wird gegenwärtig unter der Bezeichnung Work-Life-Balance thematisiert und diskutiert.
- Vor allem Großunternehmen ergreifen immer öfter Maßnahmen zur Steigerung der Work-Life-Balance ihrer Mitarbeiter. Neben der Befriedigung der Mitarbeiterwünsche sind es aber vor allem auch Kosten-Nutzen-

Überlegungen der Unternehmen und weniger rein soziale Aspekte. (2)
- Wer Positionen auf höheren und höchsten Managementebenen anstrebt für den sollte Work-Life-Balance ein unausgesprochener Wunsch bleiben. Maßnahmen für ein ausgeglichenes Arbeits- und Freizeitverhältnis behindern immer noch die eigene Karriere. (9)

Beitrag

Die Vereinbarkeit eines ausgeglichenen Arbeits- und Freizeitverhältnisses hat seit einigen Jahren einen immer größeren Stellenwert bei Personalstrategien und planungen in Unternehmen. Verschiedenste Maßnahmen werden unter der Bezeichnung Work-Life-Balance diskutiert und umgesetzt. Im Hinblick auf den demographischen Wandel haben diese Maßnahmen großen Einfluss auf die wirtschaftliche Entwicklung Deutschlands.

Definition

Unter der Bezeichnung Work-Life-Balance gibt es verschiedene Definitionen und Ausprägungen wie folgende Beschreibungen zeigen:

-Die Entfaltung aller Potentiale eines Menschen in einer gewünschten und geeigneten Form über einen längeren Zeitraum hinweg. (1)
-Die Vereinbarkeit von Beruf und Familie oder die Ergreifung von Maßnahmen zur beruflichen Gleichstellung von Männern und Frauen (2),
-Für mehr Zufriedenheit mit dem eigenen Leben zu sorgen. (ursprüngliche Gedanke des Work-Life-Balance-Konzeptes).
-Die Optimierung des perfekten Ausgleichs zwischen Beruf, Freizeit und Familie mit dem Ziel im beruflichen Spitzenleistungen zu erbringen und im Privatleben der perfekte Familienmensch und Freizeitgestalter zu sein wird heutzutage gerne unter Work-Life-Balance verstanden. (11)
-Phasen im Lebenszyklus in denen die Arbeit im Vordergrund steht und andere Phasen in denen Familie und Hobby mehr Gewicht erfahren, ist eine weitere moderne Definition von Work-Life-Balance. (11)

Hürden und Problemen bei der Umsetzung

Gleich unter welchem Grundgedanken das Konzept

umgesetzt werden soll, viele Menschen scheitern aufgrund bestehender Rahmenbedingungen und gesellschaftlicher Ansprüche an einer Realisierung.

-Junge Berufstätige am Beginn der Karriereleiter möchten sich durch hohe Leistungsbereitschaft und viel Arbeit bei ihrem Management empfehlen und vernachlässigen dadurch den privaten Aspekt. (3)
-Das obere Management ist jederzeit für die Firma erreichbar und erwartet dies auch von ihren aufstrebenden Mitarbeitern und Potentialträgern
-Perfekt in der Firma zu sein, parallel ein Haus zu bauen und dazu noch ein Familienvater zu sein, der viel Zeit mit seinen Kindern verbringt, ist falsch verstandene Work-Life-Balance. Vielmehr steigert sich der eigene Druck allen Ansprüchen gerecht zu werden, was zu einem frühen burn-out führen kann. (7)
-Hohe eigene Ansprüche führt vor allem bei Selbständigen zu einer dauerhaften Überforderung. Die Verantwortung gegenüber den Mitarbeitern, die Angst auf dem Markt zu versagen, nimmt soviel Zeit und Energie in Anspruch, dass Familie, Freunde und Hobbys darunter leiden. (8)

Welche Chancen und Ziele bietet

ein erfolgreiches Work-Life-Balance-Konzept?

-Entsprechend aktueller Prognosen zeichnet sich immer stärker ein Rückgang der Geburtenrate und demzufolge des Arbeitsangebotes ab. Dies hat Auswirkungen auf unser gesamtes Sozialsystem und die wirtschaftliche Entwicklung Deutschlands. Würde die Verantwortung für Kinder zwischen Männer und Frauen partnerschaftlich geteilt, würden sich wieder mehr Paare für Kinder entscheiden. Es müssen Rahmenbedingungen geschaffen werden die zu einem Einklang zwischen Privatleben und Arbeit führen und in der es gesellschaftlich angesehen ist, die Kindeserziehung in allen Bereichen zu teilen. (1), (5)

-Flexible Arbeitszeiten, eine familienfreundliche Unternehmenspolitik, Zeit für Weiterbildung oder die Betreuung von Kindern oder pflegebedürftigen Angehörigen sind Maßnahmen, die sich Arbeitnehmer von ihren Arbeitgebern wünschen. Die Unternehmen profitieren wiederum von zufriedeneren und loyaleren Mitarbeitern, die länger im gleichen Unternehmen bleiben. Dadurch reduzieren sich auch die Kosten für die Suche, Auswahl und Einarbeitung neuer Mitarbeiter. (4)

Vorraussetzung und Rahmenbedingungen für ein erfolgreiches Work-Life-Balance-Konzept

-Mitarbeite, die sich vor Überforderung schützen und eine Work-Life-Balance erreichen wollen, müssen sich zunächst selbst Klarheit über ihre Ziele und Werte verschaffen. Welche Verantwortung haben sie wem gegenüber und welche Rahmenbedingungen wirken auf sie ein. Sich Klarheit zu verschaffen gilt vor allem auch für Selbständige und Führungskräfte. Denn nur wer mit sich selbst sorgsam umgeht kann Mitarbeiter unter entsprechend führen und motivieren. (8)
-Unternehmen müssen zum Beispiel folgende Arbeitsbedingungen schaffen, die sowohl dem Unternehmen dienen als auch dem Arbeitnehmer die Möglichkeit bieten, seine privaten Ziele und Werte mit den beruflichen zu vereinbaren. (6)
-Flexible Arbeitszeiten
-Telearbeitsplätze
-Job-Sharing
-Wiedereinstiegsprogramme nach Elternzeit, etc.
-Anerkennung der Erfahrungen aus der Kindeserziehung als berufliche Qualifikation
-Betriebliche Kinderbetreuungseinrichtungen
-Die Schaffung von Teilzeitjobs

-Betriebliche Unterstützungsstrukturen für Eltern und Pflegende

Fallbeispiele

Hochqualifizierte Ingenieure sind derzeit schon Mangelware. Aufgrund dieser Situation und hinsichtlich der zukünftigen demographischen Entwicklung setzt die Firma Bosch verstärkt auch auf hochqualifizierte weibliche Mitarbeiter. Bosch unterstützt deshalb Mitarbeiterinnen wie Mitarbeiter bei der Vereinbarkeit von Beruf und Familie auch aus eigenem Interesse. (2)

Vorreiter in Sachen Work-Life-Balance sind in Deutschland Großunternehmen mit fünfstelligen Beschäftigungszahlen. Der Mittelstand hinkt leider immer noch hinterher. Dabei dienen Work-Life-Balance-Konzepte verstärkt auch der Rekrutierung neuer Spezialisten und Führungskräfte. Bewerber orientieren sich heutzutage nicht nur am Gehalt und den Karrierechancen sondern auch an den Work-Life-Balance-Angeboten potentieller Arbeitgeber. Firmen die hierbei nicht punkten, verlieren langfristig auch an Attraktivität bei potentiellen Bewerbern, was zu einer nachhaltigen Verschlechterung der Marktpositionierung führen kann.

Mitarbeiter mit Potential und Interesse für oberste Management-Aufgaben wird der Wunsch nach einem ausgeglichenen Verhältnis zwischen Arbeit und Freizeit allerdings auch in Zukunft verwehrt bleiben. Karrierewege, die ins Top-Management führen, werden weiterhin nur ohne Unterbrechungen, mit einer strukturierten Karriereplanung und mit langen Arbeitstagen umzusetzen sein. (9)

Weiterführende Literatur

(1) Auf der Mauer, Jost, Dieser Mann kann mehr, Neue Züricher Zeitung am Sonntag, 21.08.2005, Nr. 34, S. 77
aus Capital vom 17.02.2005, Seite 16

(2) Langer, Bettina, Kinderbetreuung sichert die begehrten Fachleute / Bosch versorgt mit verschiedenen Modellen den Nachwuchs, Stuttgarter Zeitung, 17.08.2005, S. 10
aus Capital vom 17.02.2005, Seite 16

(3) O.V., Viel Arbeit, wenig Anerkennung, Spiegel Online, 01.08.2005
aus Capital vom 17.02.2005, Seite 16

(4) Über die Effektivität von Personalmanagement

Eine weltweit angelegte Studie liefert neuen Diskussionsstoff
aus Neue Zürcher Zeitung, 27.07.2005, Nr. 173, S. 12

(5) AnalyseScharlach statt Schicht: Familie contra Arbeitswelt? - "Work-Life-Balance" - Kinderbetreuung Generalschlüssel zu Flexibilität - BDI-Präsident: Im ureigenen Interesse
aus Giessener Anzeiger vom 18.06.2005

(6) Familienfreundlichkeit zahlt sich aus Studie: Bessere Angebote in Firmen steigern das Wirtschaftswachstum
aus DIE WELT, 18.06.2005, Nr. 140, S. 12

(7) Tscherner, Christine, Vom richtigen Umgang mit kostbarem Gut Zu viel oder zu wenig Freizeit beides bringt Probleme / Auf der Suche nach Lebensqualität, Allgemeine Zeitung vom 18.05.2005
aus DIE WELT, 18.06.2005, Nr. 140, S. 12

(8) Selbach, David, Prudent Carsten, Nie mehr keine Zeit / Unternehmer sind besonders gefährdet, vor lauter Arbeit den inneren Kompass zu verlieren. Die gesunde Balance aus Privatem und Beruflichem hilft ihnen und der Firma, Impulse, 01.05.2005, S. 66
aus DIE WELT, 18.06.2005, Nr. 140, S. 12

(9) Schmalholz, Claus G., Die Erfolgsformel, Manager Magazin, 22.04.2005, Nr. 5, S. 172
aus DIE WELT, 18.06.2005, Nr. 140, S. 12

(10) Interview "Noch ein weiter Weg"
aus Frankfurter Rundschau v. 15.04.2005, S.25,
Ausgabe: S Stadt

(11) Kuhn, Lothar, Work Life Balance?, Harvard
Businessmanager, 22.03.2005, Nr. 4, S. 60
aus Frankfurter Rundschau v. 15.04.2005, S.25,
Ausgabe: S Stadt

Impressum

Work-Life-Balance - Mythos oder Wirklichkeit?

Bibliografische Information der deutschen Nationalbibliothek

Die Deutsche Nationalbibliothek verzeichnet diese Publikation in der deutschen Nationalbibliografie; detaillierte bibliografische Daten sind im Internet über http://dnb.d-nb.de abrufbar.

ISBN: 978-3-7379-0895-5

© 2015 GBI-Genios Deutsche Wirtschaftsdatenbank GmbH, Freischützstraße 96, 81927 München, www.genios.de

Alle Rechte vorbehalten. Dieses Werk ist einschließlich aller seiner Teile – z.B. Texte, Tabellen und Grafiken - urheberrechtlich geschützt. Jede Verwertung außerhalb der Grenzen des Urheberrechtsgesetzes bedarf der vorherigen Zustimmung des Verlags. Dies gilt insbesondere auch für auszugsweise Nachdrucke, fotomechanische Vervielfältigungen (Fotokopie/Mikroskopie), Übersetzungen, Auswertungen durch Datenbanken oder ähnliche Einrichtungen und die Einspeicherung und Verarbeitung in elektronischen Systemen.